DISCOURS

SUR

LA SOLEMNITÉ PASCHALE

Et sur l'obéissance que les Chrétiens doivent aux Lois et aux autorités constituées des pays qu'ils habitent.

Prononcé le saint jour de Pâques, 27 Germinal, an V, en l'Eglise paroissiale d'Argenteuil, Diocèse et Département de Seine et Oise,

PAR LE C. OZET, CURÉ DE CE LIEU.

———

A PARIS,

De l'Imprimerie de GUEFFIER, rue Gît-le-Cœur, N°. 16.

DISCOURS

SUR

LA SOLEMNITÉ PASCHALE.

Hæc dies quam fecit Dominus : exultemus et lætemur in eâ. Ps. 117. ℣ 24.
Voici le jour que le Seigneur a fait, élevons vers lui nos cœurs, et livrons-nous à la joie.

MESSIEURS,

CE jour est consacré à la solemnité paschale, c'est-à-dire, à la fête des *Passages*.

Mon ministère exige que je vous entretienne de ceux que l'église révère.

Il en existe trois, qui doivent faire l'objet de notre attention.

Le premier, que les Juifs célèbrent encore, que l'église continue d'honorer, est celui de la loi de nature à la loi écrite.

Le second est le passage de la loi judaïque à la loi évangélique.

Le troisième étoit réservé à notre génération.

Les générations futures le célèbreront avec le même respect et la même ferveur que nous avons pour les deux autres.

Je crains seulement de ne pouvoir atteindre à la

dignité du sujet ; mais vous louerez mes efforts , et pardonnerez sans doute à ma foiblesse.

Je vous rappellerai d'abord les deux premières époques , qui font retentir aujourd'hui l'église de nos chants d'allégresse.

Je vous exposerai ensuite le passage qui fait, de notre révolution , un des instans les plus célèbres de l'histoire des hommes et de la grandeur du tout-puissant.

Enfin , les réflexions qui naîtront d'un si beau sujet me serviront à démontrer l'utilité de l'obéissance aux lois et aux autorités qui nous gouvernent, si nous voulons vivre heureux , et selon le cœur de l'Éternel.

Mais votre secours m'est nécessaire , ô mon Dieu ! pour parler avec fruit à vos fidèles adorateurs assemblés: permettez que je vous implore, et vous, MM. , daignez, par vos vœux , accompagner ma prière.

PREMIÈRE PARTIE.

Voyageurs sur la terre , Dieu ne nous accorde qu'un tems très-court pour y demeurer ; il est de notre devoir de le parcourir avec sagesse. Si nous ne quittons pas le sentier des bonnes-œuvres , nous arriverons, sans crainte et sans remords , aux portes de l'Éternité , et nous franchirons , avec courage, l'abyme terrible qui nous reçoit de la vie au tombeau.

Passage effrayant ! vous cessez de l'être pour l'homme de bien ; il y voit le terme de ses misères , et le commencement de sa béatitude.

Non-seulement, MM. , notre vie est un passage , mais encore tous les instans qui nous sont comptés, sont marqués par des passages. Ainsi , l'enfance précède la jeunesse ; la jeunesse , l'âge mûr ; à l'âge mûr succèdent la vieillesse et la décrépitude , et ces dernières se terminent par le passage de la mort.

Telle est l'histoire de ce qui nous regarde individuellement.

Mais notre raison , cette raison universelle qui fait le bonheur de l'homme quand il peut la saisir et reconnoître la source divine d'où elle émane , notre raison , a elle-même ses passages , et c'est d'eux dont nous allons nous occuper.

Dieu nous avoit placé sur la terre ; il ne nous avoit prescrit autre chose, que de nous servir de notre raison pour nous bien conduire et l'aimer.

L'écriture nous apprend que notre premier père fut orgueilleux , c'est-à-dire, qu'il mésusa de sa raison : il en fut puni ; sa race dégénéra. Les hommes en proie aux prestiges, à la superstition , couvrirent la surface de la terre; se partagèrent en nations; chacune embrassa un culte fanatique, idolâtre, insensé ; et la raison, la céleste raison , ce flambeau de la divinité qui devroit toujours brûler devant nous, disparut, et, comme dit Salomon , l'homme ne fut plus que vanité.

Quelques hommes cependant marchèrent à la lueur de cet immortel flambeau. Ils invoquèrent le Dieu de toute raison. Cette dernière pénétra dans leurs ames, ils devinrent les élus du Tout-Puissant ; tels furent entre autres Abraham , Jacob , Joseph et Moyse.

Quand je médite l'ancien testament, et que je m'occupe du fameux passage de la loi de nature à la loi écrite, j'y remarque avec peine un concours d'évène-

mens qui me prouve que les mortels de ces tems anti-
ques , livrés à l'orgueil et au mensonge, étoient sans
foi , sans mœurs , sans patrie , sans amour pour leurs
semblables ; qu'ils s'abandonnoient à tous les écarts de
la dissolution et de la débauche, et que dès ce tems-
là , ils faisoient le malheur de leurs concitoyens.

Pour arrêter ce débordement de crimes, les sages se
rassembloient, ils s'unissoient aux anciens du peuple ,
et rapportoient au même foyer, les rayons épars de leur
raison ; ils en composoient une constitution nouvelle ,
et la raison humaine acquérant une nouvelle force sous
la providence de Dieu , les hommes étoient conduits à
un bonheur qu'ils avoient désespéré de rencontrer ;
mais combien en coûtoit-il aux sages qui se dévouoient
pour la félicité de leurs frères !

Moyse fut un de ces sages qui reçut de Dieu même,
la mission expresse de rappeller les hommes au bonheur.
Sa vie ne fut que peines et tribulations, et il ne put
qu'entrevoir la terre promise ; il fut un de ces sages
qui ne vivent que de sacrifices , mais qui regardent les
jours de leurs travaux comme celui que le Seigneur a
fait. *Haec dies quam fecit Dominus.*

Vous savez tous, MM. , que les enfans de Jacob
amenés en Égypte s'y multiplièrent, et formèrent enfin
un grand peuple dans une grande nation.

Pendant que les Égyptiens se livroient à la mollesse,
qu'ils exigeoient des malheureux Israëlites un travail
assidu , des canaux se creusoient , des pyramides et des
temples s'élevoient ; mais ces magnifiques ouvrages
sortoient des mains de ces bienfaisans étrangers , qu'ils
gouvernoient avec une verge de fer. La sueur inondoit

le front des laborieux enfans d'Abraham, dans le tems même que le voluptueux Égyptien et son prêtre instruit, mais menteur, se prosternoient devant le bœuf *Apis*, et lui rendoient un culte divin.

Combien, à cette époque, la raison étoit-elle dégradée !

Le peuple de Dieu qui ne révéroit que celui *qui est* et par qui toutes choses ont été faites, gémissoit de servir une nation livrée à l'imbécillité des idoles, et desiroit *aller au désert* pour y *sacrifier au Seigneur*, qui seul est la source de toute vérité.

Rarement ceux qui gouvernent une nation, qu'ils entretiennent dans la superstition et l'ignorance, souffrent-ils paisiblement au milieu d'elle de sincères amis de la vérité, sans les comprimer.

Les Israëlites soupiroient après elle. Ils vouloient jouir sans mélange de la vue des œuvres de Dieu ; ils desiroient, fatigués de n'avoir devant les yeux que de viles images, auxquels on prodiguoit le nom et les vertus de la Divinité, se recréer par l'admiration de ce temple sans bornes, où l'homme embrasse la vaste étendue des cieux, le cours brillant des étoiles, la marche majestueuse du flambeau du jour ; de ce temple où les rayons accidentels de l'aurore et du crépuscule répandent les plus vives couleurs sur la cîme des monts, de ce temple enfin où, bien avant le prophète David, ils chantoient dans leur enthousiasme sacré, après être sortis des mains de leurs persécuteurs : *les cieux racontent la gloire de Dieu, et la terre l'ouvrage de ses mains.*

A 4

Mais les Égyptiens les tenoient dans un dur esclavage, et craignoient que ce peuple ne s'instruisît.

Moyse vit le malheur de ses frères, il en soupira.
Alors Dieu se manifestant sur la montagne d'Horeb,
lui donna l'auguste et sainte mission de faire briller la
raison aux yeux de son peuple, et de lui faire aimer la
vérité.

Moyse, sentant dans son cœur le zèle de la loi et de
la liberté, alla voir, comme Dieu le lui avoit ordonné,
les sages et les anciens; il promit devant eux aux fils de
Jacob de les délivrer du joug de ces maîtres impitoyables.
et de les conduire dans une terre où couloient des
ruisseaux de lait et de miel. *In terram quæ fluit lacte
et melle.* (Exod. ch. 3. v. 8.)

Les chefs des douze familles israëlites, consentirent,
avec les sentimens de la reconnoissance, à recouvrer la
liberté qu'on leur promettoit ; mais hélas ! la masse
des enfans de Jacob, accoutumée à courber la tête sous.
le joug de l'esclavage, ne voyoit que foiblement ce
bien précieux qui lui étoit offert.

Comment alors ces infortunés auroient-ils pu avoir
une idée juste de la liberté ! Ils étoient nés sous les
despotes les plus durs que nous fasse connoître l'histoire;
on les avoit élevés dans la plus parfaite ignorance ; et
dans la crainte qu'ils ne s'éclairassent, on ne les laissoit
jamais sans travail; le repos leur étoit presqu'inconnu.
Si on leur permettoit d'être oisifs, ce n'étoit qu'en les
assimilant aux animaux destinés à la culture, et seulement pour le tems employé par la nature à réparer
leurs forces.

Ce peuple choisi de Dieu, sentoit bien quelquefois en

lui-même ce magnanime sentiment d'indépendance qui fait que l'homme ne se soumet point à l'homme , mais seulement à la loi ; cependant le joug et l'habitude le ramenoient bientôt à l'indifférence , pour l'heureux changement que Dieu méditoit en sa faveur , et que Moyse étoit chargé d'exécuter.

Ainsi Moyse avoit d'un côté l'insouciance des siens, et de l'autre, l'orgueil d'un Pharaon à vaincre.

Qu'il faut se sentir un dévouement parfait, être épris d'une sainte ambition , apporter un noble courage , une généreuse et solide résolution , pour entreprendre de changer un peuple , je dirois presque stupide , en une nation éclairée et jalouse de se voir composée d'hommes libres !

Moyse, conduit par l'esprit de Dieu , ne craignit pas d'être arrêté par l'ordre barbare d'un tyran. Après avoir reçu le consentement des anciens d'Israël , il se présente avec assurance devant l'Egyptien couronné , et lui demande la liberté du peuple de Dieu.

Pharaon , qui redoute la perte de six cent mille de ses esclaves, refuse de laisser aller les enfans d'Israël , de qui il avoit reçu de si grands services.

Alors une lutte s'établit entre des hommes qui ont mérité d'être libres , et un despote qui veut les tenir humiliés sous son scèptre. Loin de reconnoître la volonté de Dieu , Pharaon combat contre elle : les prêtres du culte d'*Apis*, lui persuadent que le bœuf qu'ils encensent , lui accordera la victoire.

Pharaon demeure inflexible, et Moyse obéissant à Dieu, lui annonce de sa part , tous les fléaux inséparables des révolutions. Rien n'arrête ce cœur endurci ;

alors, tous les maux fondent sur ses sujets, et la mort n'épargne aucun des premiers nés de cet empire.

C'est quand il est abattu par tous les malheurs, qui peuvent affliger une nation, que ce tyran impie consent à obéir à Dieu, et à permettre enfin à Israël *d'aller sacrifier au Seigneur dans le désert*, ou plutôt de sortir d'esclavage ; et c'est alors aussi que Moyse, par ordre de Dieu, entreprend de marquer le terrible *passage* de l'ange exterminateur sur les premiers nés de l'Egypte, par la célébration de la Pâques, et de la manducation de l'agneau, que l'église vénère en ce jour, à cause d'une immolation bien plus sublime, dont cette première n'étoit que le symbole.

Le peuple de Dieu, a donc franchi les limites de l'Egypte ; le voilà sous la conduite de Moyse, et par l'ordre du Seigneur, tiré de cette terre de servitude. Il faut maintenant le conduire à la terre promise ; et par des lois justes et sages, le contraindre, pour ainsi dire, d'user de la liberté et d'en écarter la licence.

Un homme, une assemblée d'anciens du peuple, les sages de tout un pays, sont bien peu dignes de la vénération de leurs contemporains et de la postérité, s'ils croient que par eux-mêmes, ils peuvent opérer toutes ces merveilles !

Non, non, Dieu seul peut ordonner ces choses ; et les hommes qui les exécutent, et auxquels nous devons toute reconnoissance, ne sont que les instrumens passifs du Tout-Puissant. Lui seul prévoit, lui seul agit, et par sa volonté, notre raison épurée accroît notre bonheur.

Les six cent mille fils d'Israël, sans compter leurs

femmes et leurs enfans, enfoncés dans le désert en présence de Dieu, pouvoient recevoir ses lois, les pratiquer, et dès l'instant, jouir d'un bonheur parfait: Pharaon ni ses satellites n'étoient plus à craindre; mais leur raison, que couvroit l'ignorance, n'étoit pas encore assez avancée. Moyse mit quarante ans à instruire ce peuple, et à faire disparoître le voile obscur dont son intelligence avoit été enveloppée pendant plusieurs siècles.

Moyse recueillit les tables de la loi, mais pendant que Dieu les écrivoit lui-même, des troubles intestins s'élevoient parmi les Hébreux, causés par le fanatisme, la jalousie, l'ambition, et sur-tout la fatale ignorance; il fallut réprimer les adorateurs du veau d'or, faire tomber le glaive de la loi sur les fils même d'Aaron, Nadab et Abiu; lapider le blasphémateur du saint nom de Dieu, et livrer avec Coré, Dathan et Abiron, deux cent cinquante hommes aux flammes.

Pourquoi faut-il donc que la raison, pour hâter ses progrès, entraîne tant de malheurs! Pourquoi tous unis d'un même cœur, ne marchons-nous pas également vers votre admirable sagesse, ô mon Dieu! et ne consultons-nous pas votre raison universelle, par laquelle la nôtre s'aggrandit?

Sans doute, à ce premier passage, notre raison fit un grand pas, puisqu'elle reçut de vous ces précieux *commandemens* qui firent l'admiration de l'univers, furent traduits dans toutes les langues, et sont encore les véritables liens qui attachent l'homme à votre bienfaisante divinité.

Dans ce *premier passage* de la loi de nature à la

loi écrite , l'homme combat contre l'homme ; Dieu soutient ses efforts , et il remporte sur ses semblables l'avantage inestimable de faire triompher la raison **et** la loi écrite sur la superstition et le mensonge.

Le passage de cette loi à la loi évangélique offre **un** dévouement encore plus admirable.

Jésus-Christ n'asservit pas les rois pendant sa vie ; il ne combattit pas les hommes avec le glaive de la mort. Si Moyse se trouva être le premier de sa nation , Jésus crut nécessaire de naître , vivre et mourir dans un état obscur. Ce n'est plus ce Dieu qui précédé du tonnerre et de la foudre , dicte ses lois sur la montagne ; c'est un Dieu revêtu de notre dépouille mortelle , qui , la persuasion sur les lèvres , et l'amour de l'humanité dans le cœur , se présente à son peuple pour l'entraîner par la douceur de sa parole , la force de sa raison , et le contraindre par le sentiment de son propre bonheur , à entrer dans les sentiers de la vertu.

Cette sublime morale qu'il prêche , doit bien opérer une révolution ; mais elle sera universelle ; elle n'aura plus pour objet de retirer des mains de ses impitoyables maîtres , un des petits peuples de l'univers. Ce ne sera plus une terre promise à conquérir ; son grand objet sera de répandre sur la surface de la terre sa morale divine et humaine. Le monde doit la recevoir un jour ; les nations les plus opposées par le climat , les mœurs et la couleur , doivent s'en pénétrer. Cette sainte morale doit forcer chaque mortel à se recueillir en lui-même , à se rendre compte de ses propres actions , pour ne pas s'attirer la perte d'une béatitude éternelle.

Vous le voyez , MM. , cette bienfaisante révolution n'est pas semblable à la première ; son chef ne se fait pas obéir par la force. Livré au mépris , à la mort , il ne laisse à ceux qui voudront marcher sur ses traces , que les palmes du martyr ; leurs immenses travaux seront couronnés par des supplices , et cependant , ces martyrs se souviendront que le véritable asyle de l'homme n'est pas dans ce monde , mais bien dans ce lieu où la présence de l'Eternel existera dans toute sa grandeur , où notre raison arrivée au plus haut degré de perfection , pourra concevoir toute l'immensité de sa puissance , et comprendre la beauté de ses œuvres.

Ce *second passage* exécuté par Jésus-Christ présente dans ce divin maître , tous les caractères de la plus grande douceur. C'est un agneau qu'on va immoler ; son sang qu'il a répandu pour nous, et dont le souvenir nous arrache encore des larmes, imprime sur nos cœurs, comme autrefois le sang de l'agneau paschal sur les portes des Israélites , cette heureuse marque qui force l'ange exterminateur , ainsi que l'ennemi des hommes et de Dieu , à respecter le chrétien, qui, par ses bonnes œuvres , s'en trouve le front couvert.

Ainsi , par ces deux passages que je viens d'analyser , je vous ai démontré 1°. que l'homme abandonné d'abord à lui-même , fut ramené à la connoissance de Dieu et à ses devoirs envers lui par la réception de ses divins *commandemens* ; 2°. que le Tout-Puissant voulut que revenant individuellement sur nous-mêmes , nous puissions nous pénétrer de sa. sainte morale , de cette morale qui nous rend attentifs à ne pas heurter la raison, dont les véritables bases, sont la justice et la religion.

J'ai à vous démontrer maintenant que l'époque où nous sommes , renferme un *troisième passage* non moins intéressant que les deux autres , et tout aussi sacré.

DEUXIÈME PARTIE.

Quand Dieu permit que de la création de l'homme à la loi écrite et promulguée par Moyse , vingt-sept siècles se soient écoulés sous la seule loi de nature ; que de la loi de Moyse à la loi évangélique , quatorze autres siècles soient rentrés dans le passé ; pourra-t-on s'étonner que dix-huit siècles encore après , une révolution générale s'opère de nouveau chez les hommes , pour ramener parmi eux l'égalité , la liberté et sur-tout la fraternité ?

Ce majestueux et terrible mouvement de la raison des hommes n'est pas l'ouvrage d'un moment ; des siècles d'ignorance l'avaient retardé , et des siècles de lumière l'ont préparé.

C'est à justifier de ces faits , qui ne paroissent aujourd'hui qu'une assertion , que j'ai besoin de m'appliquer.

Les hommes avoient oublié qu'ils avoient un Créateur ; Moyse non-seulement le leur rappelle , mais il leur laisse ces *commandemens* sacrés, dont les principes sont si généraux, qu'ils s'appliquent à tous les tems et à tous les âges.

Jésus-Christ vient à son tour pour nous apprendre sa sainte morale ; il nous instruit à bien vivre avec nous-mêmes dans la vue d'arriver à son empire, qui n'est pas de ce monde, mais dans lequel nous desirons tous aller.

Enfin Dieu lui-même aujourd'hui vient nous dicter la déclaration *des droits et des devoirs de l'homme et du citoyen*, qui seront aussi de tous les tems et de tous les âges, c'est-à-dire, qu'il vient nous éclairer sur nos droits réciproques, inconnus de l'antiquité jusqu'à nos jours ; il vient nous apprendre à nous bien conduire entre nous, et à ne considérer la liberté et l'égalité, que soutenues par des lois soumises à la volonté de l'Être-Suprême.

En effet, Dieu voulut, par la mission donnée à Moyse, ne conduire que son peuple ; et ce peuple, comme je l'ai dit, n'étoit pas une des plus grandes nations du monde.

Jésus-Christ au contraire, au prix de son glorieux et sanglant sacrifice, voulut amener tous les hommes à la connoissance de sa *morale évangélique* ; mais le rang obscur dans lequel il a proposé sa divine sagesse, atteste qu'il n'entroit pas dans ses décrets que son saint évangile soit adopté dans un seul instant par toutes les nations ; mais que de proche en proche, il atteignit avec le tems, toutes les parties de la terre. Qui peut nier maintenant que ce saint évangile ne soit généralementconnu ?

Il ne peut donc, encore une fois, paroître étonnant à celui qui sait que Dieu ne fait rien actuellement sans observer l'ordre et la succession des tems, qu'après nous avoir fait connoître ses commandemens , enseigné son excellente morale , il propose aujourd'hui à notre raison de nous attacher à la dignité de notre être par la *déclaration des droits*, et à l'amour social, par la sainte pratique des *devoirs du citoyen ?*

Vous me demanderez comment Dieu s'y est pris pour amener la révélation de ces *droits* et *devoirs* à notre connoissance ? Vous exigerez peut-être que je vous fasse un récit circonstancié de notre grande révolution ?

A Dieu ne plaise que dans cette chaire , consacrée à la louange du Seigneur et à la propagation des vertus , j'aille vous exposer fidellement le malheur et les crimes de mes semblables ; je voudrois au contraire les voir rentrer dans le néant , ou sortir de la mémoire des hommes.

Ministre du Très-Haut , quand je suis dans cette chaire de vérité , je me crois transporté au-dessus de ce monde ; il me semble que mon esprit ravi, a devant lui le tableau des évènemens , qu'il y apprend ce qui les fait naître et ce qu'ils amènent pour le bonheur des mortels et la perfection de leur raison : alors , tous ces crimes nés de l'ambition , de la haine , de la vengeance, du fanatisme et de l'ignorance , disparoissent à mes yeux , pour ne faire place qu'au résultat qui doit naître de ces mêmes évènemens.

Jugez , MM. , s'il me conviendroit de m'appesantir sur le récit des fautes de mes frères ? Ils sont hommes, je le suis ; ainsi nous nous devons réciproquement la plus parfaite indulgence.

Qui a donc amené la révolution et la déclaration des

droits

droits et des *devoirs* qui en émane ? Le voici : *L'ac-croissement de la masse des connoissances humaines, et la volonté du Seigneur qui l'accélère ou la retarde comme il lui plaît.*

Nul mortel ne doute qu'il n'ait commencé d'être ; et par cela seul qu'il a eu un commencement, il reconnoît que la génération des hommes a obtenu pareillement l'existence ; et comme avant que d'être, elle ne pouvoit rien, il a fallu que cette race d'hommes naquît par la volonté du Créateur. Mais si l'homme a été créé par Dieu, il ne peut être sorti de ses mains qu'avec toutes les perfections dont la nature humaine est susceptible. L'homme a dû alors exister dans ces délices de corps et d'esprit que nos poëtes se sont plu à peindre et à caractériser sous le beau nom d'âge d'or.

Si donc l'homme n'avoit rien diminué de ses perfections, en faisant un usage irréfléchi de ses passions, il seroit encore heureux. Mais il ne put se contenir dans les justes bornes que la raison lui dictoit, il tomba, et nous nous trouvons aujourd'hu victimes de son immodération.

Cet état de perfection, nous ne pouvons plus le *connoître;* cependant en faisant un retour sur nous-mêmes, nous sentons son existence comme un objet qui se présenteroit à nos yeux aux premiers rayons de l'aurore.

C'est donc après cette perfection, ce bonheur, que nous courons sans cesse et sans nous arrêter ?

Les individus de l'espèce humaine germent, naissent, s'élèvent et jalonnent les uns après les autres la route qui doit conduire à ces perfections, mais

B

la mort les fait tomber dans leur course rapide comme
des épis au tems de la moisson ; ils disparoissent :
le fleuve seul des mortels roule et circule toujours
sur le globe , pour arriver enfin à ce bonheur
que nos derniers neveux sont appellés à goûter sur la
terre. Ce fleuve immense entraîne pareillement la raison
humaine, qui va toujours croissant et s'agrandissant,
en raison de l'éloignement de sa source. Nous ne
voyons que de loin aujourd'hui le rivage de cet
océan, et nous nous trouvons semblables à Moyse,
qui de loin aussi apperçut la terre promise.

Nos pères travailloient à recouvrer cette perfection,
nous y travaillons nous-mêmes, et nos descendans
continueront ce bienheureux ouvrage, qui un jour
atteindra le terme desiré sur la terre.

Je sens, MM., que Dieu conduit mon raisonne-
ment, et que je ne m'égare point ; jugez vous-mêmes,
si ce que je vous expose, sort des bornes de la
vérité ?

Jésus-Christ avoit enseigné sa bienfaisante doctrine,
toutes les Nations l'avoient adoptée, mais cette doctrine est purement la régulatrice de l'ame, elle nous
met toujours en regard avec nous-mêmes, elle nous
prêche l'amour de nos frères, la réciprocité des bienfaits. Dans le desir d'obtenir la vie éternelle, et pour
nous prouver que cette terre n'est qu'un lieu de passage, elle nous excite aux macérations, à l'abnéga-
tion de nous-mêmes et presque à l'isolement.

Loin de condamner ces principes sacrés, nous devons les adorer, ils sont les véritables degrés pour
arriver au séjour de paix dans la vie future, et

Jésus-Christ, en nous conduisant ainsi, exécutoit la mission qu'il avoit reçue de son père, de délivrer les hommes de l'influence de leurs passions, et de les amener à l'état de pureté qui convient à notre intelligence, quand elle devra, au jour que le Seigneur a fait et que lui seul connoît, paroitre au tribunal de la suprême justice, pour rendre compte de ses paroles et de ses actions.

Mais Dieu, qui ne vouloit d'abord que dégager Israël des liens de l'esclavage et de la superstition, qui ensuite répandant sa bienfaisance sur toutes les Nations, voulut qu'elles profitassent de l'évangile pour arriver pures devant lui, jette dans ce moment un regard de bonté sur la totalité des mortels, il les appelle aux douceurs de la liberté, de l'égalité et de la fraternité.

Trop constant dans ses volontés pour revenir sur ses œuvres, qui sortirent parfaites de ses mains, il ne veut pas opérer un miracle, que sa divine providence ne lui commande pas, en ordonnant aux passions humaines d'appaiser sur-le-champ les flots tumultueux qui nous agitent; il veut que par notre propre effort, en nous aidant les uns les autres, en réunissant nos lumières et notre expérience, nous trouvions nous-mêmes ce point de perfection, qui doit nous rendre aussi heureux sur la terre, que nous avons l'espérance de l'être dans le séjour éternel.

De-là vient que la Nation la plus peuplée et la plus instruite de la terre, consulte maintenant ses anciens, se réunit en assemblées, interroge la sagesse humaine, implore la sagesse divine pour trouver ce:

bienfaisantes lois qui doivent maintenir irrévocable-
ment et éternellement la liberté , l'égalité et la fraternité.

Ce problême , l'un des plus difficiles à résoudre ,
demande une application , une constance et des lumières que les mortels paroissent n'avoir jamais eues
jusqu'à présent. Ces lumières doivent être même si
étendues , que notre foible raison tremble de ne pouvoir amener à sa perfection un si difficile et si bel
ouvrage ; mais Dieu est-là pour diriger nos conseils
et souffler son esprit saint sur nos foibles conceptions.

Planez avec moi sur l'Europe, remarquez comme cette
belle partie du monde, d'abord plongée dans l'ignorance,
s'est éclairée peu-à-peu ; comme aujourd'hui les connoissances s'y sont accrues , et comme le sage , le
chrétien , l'homme de probité , marchent d'un pas égal
pour opérer le grand ouvrage de la révolution , dont
le but est de trouver cette sage liberté après laquelle
nous soupirons , cette égalité qui régularise nos droits,
et cette fraternité qui doit faire d'une grande Nation
un peuple d'amis.

Si nous avions moins écouté nos passions ; si dès
notre enfance on nous eût parfaitement instruits , si
on nous eût appris à aimer notre patrie , à sacrifier
pour elle nos propres intérêts , nous ne verrions pas
ce bienheureux ouvrage arrêté à chaque pas qu'il
fait , et déjà ce terme de bonheur après lequel nous
aspirons , seroit trouvé.

Mais aussi-tôt que Dieu eût dicté à la sagesse d'in-
viter les hommes à marcher sous l'étendart de la liberté ; à l'instant l'ambitieux , le fanatique , l'intri-

gant, le féroce, l'impie, l'avare et le vampire, ce terrible agioteur qui ne s'engraisse que de nos dépouilles, sortent tous à la fois de l'obscurité, et avec eux les maux qu'ils doivent répandre sur le peuple.

Ce peuple, qui comme au tems de Moyse, a besoin qu'on l'instruise, ne peut se persuader que pour arriver à la liberté, il faille passer par une route semée d'autant de malheurs. Il oseroit peut-être, comme autrefois les Israélites, regretter les grands sacrifices que la liberté lui coûte, si Dieu lui-même ne venoit par sa toute-puissance parler à son cœur, et le ramener au desir de la voir enfin assise sans trouble et sans crainte sur l'empire français.

Oui, Dieu a parlé à son peuple; interrogez-le, MM., et demandez-lui ce que sont devenus ces hommes pervers qui décimoient leurs semblables; où sont ces impies qui, en niant la Divinité, en outrageant la raison, insultant la religion, renversoient ses temples, et profanoient les vases du sanctuaire; où sont pareillement ces malheureux qui mésusant de leur fortune et spéculant sur la faim et la misère du peuple, retenoient dans leurs mains le grain qui lui est destiné, pour ne le livrer qu'à prix d'or; où sont enfin ces ennemis de toute société, qui faisant disparoître le lien qui attache les hommes entr'eux par la facilité des échanges, ce lien bienfaisant que la confiance, le crédit, le papier, l'or ou l'argent représentent, anéantissoient, pour aggrandir leur fortune, ces signes démonstratifs de tous nos besoins; où sont-ils enfin tous ces hommes immoraux et per-

fides à leurs frères ? où sont-ils ? Le glaive de la justice les a retranchés d'au milieu de nous, et s'ils ont
obtenu un peu de terre pour les couvrir, c'est que
la vue de leurs dépouilles auroit rappellé à notre souvenir les trop grands maux qu'ils ont faits.

Mais, MM., admirez la toute-puissance de Dieu;
ces méchans entravoient les travaux de nos sages, ils
se flattoient d'arrêter l'ouvrage entrepris pour notre
bonheur, ils alloient jusqu'à faire mourir ceux qu'ils
soupçonnoient de persévérer dans le desir de voir
notre liberté soutenue par des lois; ils semoient la
discorde et le malheur par-tout : qu'ont-ils obtenu de
leur méchanceté ? la mort. Ils ne sont plus, et la
constitution renferme toutes nos espérances.

Ah ! MM., cette constitution puisée dans la sagesse humaine, ne seroit pas si avancée si Dieu n'y
avoit présidé.

Notre empire n'est pas le seul qui s'en occupe, les
peuples de la Hollande, de l'Italie, de l'Amérique
sont debout devant le Seigneur, ils l'interrogent pour
pouvoir amener cette précieuse liberté à sa perfection ; et ce Dieu, plein de bonté, répand son souffle
divin sur eux pour les instruire; encore quelque tems,
et l'âge de la béatitude sera enfin venu sur ce globe,
pour durer autant que lui ; encore quelque tems, et
nous nous écrierons dans un saint transport, voici le
jour que le Seigneur a fait, *haec dies*, etc.

TROISIÈME PARTIE.

Vous ne pouvez plus douter à présent *que la déclaration des droits et des devoirs de l'homme et du*

citoyen ne soit émanée de la volonté de Dieu, aussi bien que ses commandemens et sa morale évangélique.

Il est donc de notre devoir de nous attacher à cet ouvrage de la toute-puissance, et de le maintenir de toutes nos forces, même au péril de notre vie.

Nous n'avons pas seulement, MM., à confesser que nous sommes Français; il nous importe encore de faire connoître par-tout où nous nous trouverons, que nous sommes adorateurs de la liberté, c'est-à-dire, de ce Dieu qui la donne; mais l'on ne peut nous reconnoître pour enfans de la liberté, si nous n'en professons pas les principes, si nous ne savons pas faire respecter la loi qui la maintient et la défend de toute atteinte.

C'est de la conduite que nous devons observer pour l'affermir, qu'il me convient de vous entretenir à présent.

La liberté est véritablement un bien; mais il en est malheureusement parmi nous qui ne peuvent encore le sentir; quand ils auront goûté le bonheur qu'elle procure, ils se réuniront à nous, et diront dans leurs cantiques : *la liberté est véritablement un bien.*

En attendant, apprenons nous-mêmes à la conserver.

Dès l'instant que ce n'est plus l'homme qui gouverne, qu'il n'a plus à obéir qu'à la loi, elle doit être sacrée pour lui, il doit la regarder comme sa sauve-garde, et ne pas souffrir qu'on l'altère par une conduite opposée à ce qu'elle ordonne; lui-même doit être tellement attentif à ne la pas heurter, que jamais elle n'ait rien à lui reprocher.

Quand donc vous rendez obéissance à la loi, lorsque vous exécutez ce qu'elle prescrit, vous ne faites que ce que votre propre raison vous commande ; car vous savez bien que la loi est *l'expression de la volonté générale*, celle de la raison, ou plutôt l'expression de la volonté du Créateur.

Si chacun de nous avoit une sagacité parfaite, s'il avoit une intelligence aussi profonde, que quand les hommes apportent en commun leurs lumières, il ne voudroit pas autrement que la loi, et n'agiroit pas d'une manière différente à ce qu'elle commande.

Mais malheureusement, chacun de nous n'a qu'une intelligence imparfaite et bornée. Ce n'est donc que quand nous réunissons toutes nos connoissances, que nous les soumettons à un long examen et à de mûres réflexions, que nous les dégageons enfin de toutes nos passions, que nous pouvons atteindre à cette perfection de raison si difficile à obtenir.

Donc, celui qui ne veut pas se conduire selon que la loi le lui commande, ressemble à un insensé qui voudroit, à lui seul, soulever un rocher. Il ne peut faire mouvoir cette masse énorme, mais il en peut être accablé. En effet, dès qu'on s'oppose à la volonté générale exprimée par une loi, on ne peut résister long-tems à sa puissance ; il faut ou se hâter de rentrer dans les limites qu'elle prescrit, ou supporter la peine qu'elle inflige pour ne pas s'y conformer.

Il est dur, sans doute, de baisser sa tête devant son semblable, mais c'est une douceur d'obéir à la loi.

Il faut donc apprendre en quoi elle consiste.

Ce qu'il convient à tous d'en savoir n'est pas long à retenir. Un mois au plus suffit aux jeunes personnes pour en fixer toutes les expressions dans leur mémoire.

C'est aux pères et mères , aux instituteurs , à nous-
mêmes , à leur en donner l'intelligence , et à les éclairer
sur le sens dans lequel ils doivent en concevoir tous
les termes ; quant à nous, nous commençons déjà à la
connoître par les obligations qu'elle nous impose.

Qu'elles sont agréables ces obligations! Elles veulent
que nous sortions de l'ignorance ; que nous apprenions
à connoître nos droits ; que nous sachions les faire
respecter ; que nous aimions nos devoirs ; que nous
conduisions la jeunesse dans les sentiers de la vertu ;
que nous honorions la vieillesse ; que le soldat qui
combat , meurt ou triomphe pour la patrie ; que le
juge qui fait présider la justice à ses arrêts , que le
génie qui ajoute de nouvelles connoissances à celles
déjà acquises , reçoivent de nous le plus juste hommage.

Dans quel autre gouvernement que dans celui de la
liberté , trouverez-vous un concours de volontés ex-
primé par la loi , qui s'occupe aussi essentiellement
de notre bonheur ? Sera-ce chez les despotes ? Tout
doit plier à leur caprice. Sera-ce chez les rois ?
La loi paroît effectivement leur interdire le tyrannique
plaisir , de conduire leurs sujets comme un vil trou-
peau ; cependant , esclaves eux - mêmes d'indignes
courtisans , ils forcent l'homme libre de s'exiler de
devant eux , pour ne plus rougir de supporter leur
joug.

Ainsi le gouvernement républicain est le plus agréa-
ble à l'homme , puisque sous son empire il n'obéit
qu'aux lois ; il est la perfection des gouvernemens ;
il vient le dernier de tous , mais aussi il est le plus
conforme à notre nature. Le citoyen ne voit au-

dessus de lui , dans ce gouvernement , que Dieu et la loi.

Mais comme la loi , ainsi que nous l'avons dit , n'est que la volonté générale *écrite* , elle a besoin de co-opérateurs pour répandre ses bienfaits ; il faut donc nous empresser de la faire agir ; car c'est de son mouvement que dépendra notre félicité.

Quel plaisir ne devons-nous pas éprouver de ne rencontrer personne au-dessus de nous, et de n'avoir pas d'inférieurs , mais d'être tous égaux, comme nous le sommes devant Dieu !

Cette admirable égalité ne nous défend cependant pas l'humilité évangélique , si bien définie par les écrivains de notre auguste religion ; car nous ne serions pas sensés de nous croire meilleurs ou plus instruits que nos concitoyens ; il nous faut toujours avoir présent à l'esprit, que si on peut reconnoître quelques talens en nous , on y voit aussi une foule de défauts qui en ternissent l'éclat.

Ainsi donc cette humilité si recommandable, nous enseigne à ne pas nous presser de nous mettre sans instruction sur les rangs, pour obtenir l'honneur suprême d'être les organes de la loi. Avant que d'entreprendre de maintenir les autres dans l'obéissance qui lui est due , nous devons nous-mêmes apprendre à la bien connoître , pour pouvoir la faire exécuter.

Voyez la conduite de Jésus-Christ, ce divin maître de toutes connoissances ! Il pouvoit, s'il m'est permis de m'exprimer ainsi , faire valoir la sagesse dont il étoit rempli , et confondre , dès les commencemens de sa vie , les plus forts en doctrine ; cependant jusqu'à trente ans , il ne paroît occupé qu'à se procurer les instructions nécessaires à la mission qu'il a reçue de son père ; on le voit , pendant ce long intervalle , et même jusqu'à sa mort , apporter aux lois du pays qu'il a adopté l'obéissance la plus parfaite.

Ce nous est donc un devoir de l'imiter , et de rendre obéissance aux lois de notre pays , et par suite aux autorités qu'elles constituent , pour les maintenir dans toute leur force , avant de nous mettre sur les rangs , pour les faire exécuter à notre tour.

Vous ferai-je le tableau de ceux qui composent vos autorités ? Cela seroit inutile ; vous les connoissez tous , puisqu'ils sont de votre choix. Il ne peut donc vous être pénible de leur obéir ; car vous savez que ce n'est pas par eux - mêmes qu'ils vous commandent , mais *par et au nom de la loi* , dont vous les avez dé- clarés les exécuteurs et les conservateurs.

Ah ! braves français ! au nom de la patrie , je vous y invite ; ah ! rendez-vous dignes d'être , par l'estime de vos concitoyens , les conservateurs et les agens fidèles de la loi ; vous y parviendrez aisément , si vous êtes sévères à vous - mêmes dans toutes vos actions , si vous ne laissez échapper aucune in- justice.

Rapprochez-vous de vos frères par la plus sincère cordialité ; soyez bons fils , bons époux , bons pères. Quand le jour marqué par la constitution , pour rendre au rang de simples citoyens ceux à qui vous avez ac- cordé votre suffrage , sera arrivé , tous les regards alors se tourneront vers vous , et vous goûterez le plaisir destiné à l'ami de sa patrie , d'être choisi à votre tour pour faire voguer paisiblement le vaisseau de la république.

Heureux, cent fois heureux l'homme qui aime sa patrie, qui cherche les occasions de lui prouver son zèle, qui jeune encore court aux armées, lorsqu'elle l'appelle pour la faire respecter au-dehors ; qui, dans la vigueur de l'âge la sert par son travail, son génie et la famille qu'il s'est créé, et qui enfin, dans la parfaite maturité, et après une étude constante des lois de son pays, sait la faire aimer et respecter au-dedans : un tel homme est sûr de voir son nom gravé dans le cœur de ses concitoyens, et sur la colonne de la reconnoissance publique.

Le christianisme, loin de s'opposer aux lois, ainsi qu'aux travaux que la patrie commande, les ordonne tous.

S. Paul, écrivant aux Romains, leur dit que tout le monde soit soumis aux puissances supérieures, car il n'y a pas de puissance qui ne vienne de Dieu. *Non est enim potestas nisi à Deo.* C'est lui qui a établi toutes celles qui sont sur la terre. (ch. 13. v. 12).

Celui qui s'oppose aux puissances, résiste à l'ordre de Dieu, *Dei ordinationi resistit* ; et ceux qui y résistent, attirent sur eux-mêmes la condamnation.

Le même S. Paul, écrivant à Tite, son disciple, qu'il avoit ordonné évêque dans l'isle de Crête, lui recommande d'avertir les habitans de cette isle d'être soumis aux magistrats, de leur rendre obéissance, *dicto obedire*, et d'être prêts à faire toutes sortes de bonnes-œuvres. (ch. 3. v. 1).

Apprenez encore de S. Pierre (ch. 2. v. 13). à ne

pas vous écarter de l'obéissance que vous devez au gouvernement de l'état dans lequel vous vivez.

Car c'est la volonté de Dieu (v. 15), *quià sic est voluntas Dei*, que vous fermiez la bouche aux hommes ignorans et insensés.

Ce peu de témoignages suffit sans doute pour vous convaincre que Dieu n'abandonne pas son peuple, mais qu'il est toujours près de lui, pour l'éclairer dans sa conduite.

Et n'allez pas croire que d'une pareille obéissance il en résultât pour l'homme de bien la perte de sa liberté ; au contraire, c'étoit de cette déférence, de ce respect pour la loi, que la liberté devoit naître.

S. Pierre a besoin de faire remarquer aux fidèles (chap. 2 , vers. 16) qu'étant libres, ils ne le sont pas pour se servir de leur liberté, comme d'un voile pour couvrir leurs mauvaises actions, mais pour agir en serviteurs de Dieu.

Ainsi l'esprit saint, par la bouche des apôtres , nous promet la liberté sur la terre.

En effet, on voit les premiers chrétiens soupirer après cette liberté , l'entrevoir et la trouver déjà dans leurs bonnes actions : mais moins heureux que nous, elle ne se présente au milieu d'eux que quand ils se réunissent en secret pour invoquer le Tout-Puissant ; hors de-là, la malice des hommes les accuse, et ils éprouvent des persécutions ; la liberté n'est encore que dans leurs cœurs, dans leurs assemblées, mais ils n'osent pas, comme nous, lui rendre hommage devant toutes les Nations, et la voir, par la main de Dieu même , établir sa divine puissance au sein d'un peuple fait pour la connoître, l'aimer et la conserver.

Enfin l'apôtre S. Jacques étoit si persuadé que la liberté naissoit du mérite des bonnes œuvres, qu'il écrit à ses frères : (chap. 1 , vers. 25.)

« Celui qui s'attache exactement à la loi, y trouve la liberté ; et s'il s'y rend attentif, qu'il la suive exactement et ne s'en écarte d'aucune manière, il trouvera son bonheur dans sa propre action. *Hic beatus in facto suo erit* ».

Je crois avoir rempli le but que je m'étois proposé : vous avez vu Dieu occupé de nous depuis le commencement du monde jusqu'à présent.

Régulateur éternel de notre raison , malgré les passions qui la dégradent , vous le voyez d'abord occupé à nous donner, dans l'éclat de sa gloire, ces excellens *commandemens* que nous aimons tous à suivre ; il vient ensuite persuader notre entendement, et l'éclairer de *sa morale évangélique* ; aujourd'hui il nous offre la *liberté*, fruit des connoissances et des lumières qu'il nous a données ; c'est donc à nous de nous en saisir, et d'écarter les vices honteux qui l'effrayent encore.

PRIÈRE.

O divin Créateur ! vous qui répandez aujourd'hui la liberté sur nous, comme autrefois vous distribuâtes votre esprit sur les propagateurs de votre saint évangile, Dieu juste, Dieu bon, qui voulez nous accorder la félicité dès cette vie, rendez-nous dignes du bienfait que votre providence nous procure ; s'il se trouve parmi nous quelques pervers, qui osent entreprendre de semer la discorde et de prolonger le trouble et le malheur qui nous accable, mon Dieu, amolissez leur cœur, et que, comme S. Paul, renversés par votre divine puissance, ils ne se relèvent que pour bénir votre saint nom, et marcher avec nous dans la voie du salut !

Daignez nous soutenir dans les nombreux sacrifices que vous exigez de nous ! Accordez-nous la force de supporter les attaques que nous livrent les passions humaines, par la ferme résolution où nous sommes de suivre vos saints commandemens, votre morale toute divine, et d'obéir à la loi et aux puissances qui la dirigent ; afin que nous puissions toujours, comme nous le faisons dans la solemnité de ce jour, chanter *haec dies quam fecit*, etc.

F I N.

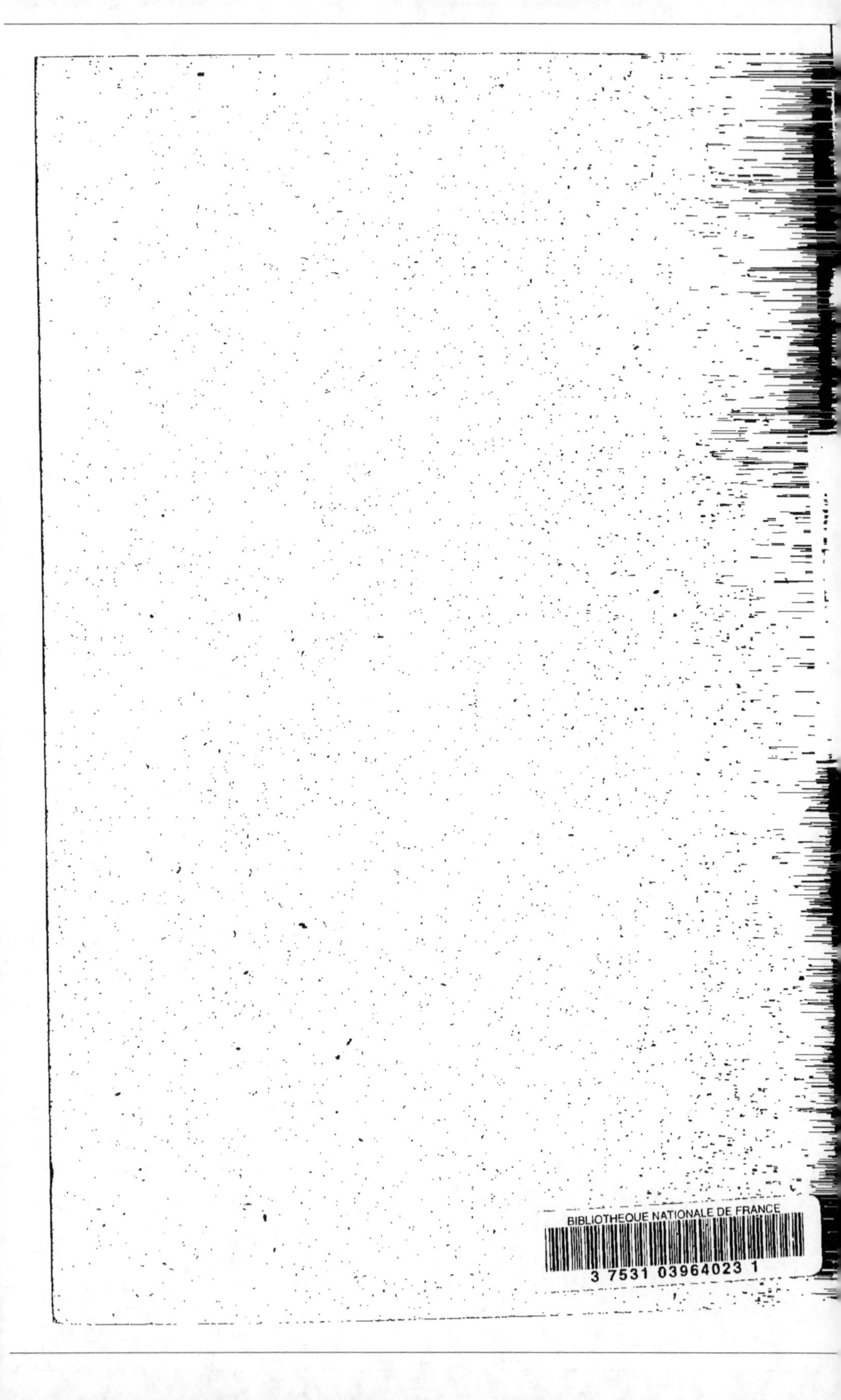